स्वराज

देश भक्ति कविताएँ

पारस जाटव

श्री गणेश

लेखक हूँ नव उदय नया आगाज लिखता हूँ

मैं अपनी कलम से सिर्फ स्वराज लिखता हूँ

क्रम-सूची

क्रम-सूची

क्रम-सूची

प्रस्तावना

स्वराज केवल एक शब्द या नाम नही प्राण है इस माटी और उनके जो

इस माटी के लिए माटी हो गये

भारत भूमि की आत्मा है स्वराज

तिरंगे को ऊँचे गगन में

लहराने वाली हवा है स्वराज

भगत सिंह की फांसी

व् राणा की तलवार है स्वराज

माँ की अपने बच्चे को

पुकार है स्वराज

'स्वराज' देश भक्ति का रस इसके कह देने से ही रघो में दौड़ने

लगता है

इसी रस का एक प्याला मै आप लोगो के लिए इस स्वराज नामक

पुस्तक में लाया हूँ

जिसका घुट भरने पर मन तृप्त हो जाएगा और आत्मा स्वराज की

आत्मा में विलीन हो जाएगी

इस पुस्तक की प्रत्येक रचना देश भक्ति से परी पूर्ण है सभी

रचनाओ में मेने देश भक्ति की मिठास घोलने का प्रयास किया है

जिसका स्वाद आपको अलंकृत करेगा देश भक्ति राग गुनगुनाने हेतु

तलवार से शांति और कलम से क्रांति लाता हूँ

यहाँ पर इश्क़ सभी ने गुनगुनाया में इंक़लाब गाता हूँ

गाड़ी रफ़्तार पकड़ चुकी है इसका गन्तव्य ही होगा इसका उदगम

अपनी कमर कस लो की सफ़र शुरू करते है

सफ़र हम तीनों का

आप - मै और स्वराज

भूमिका

समस्या खड़ी है दुबिधा बड़ी है

इन संकटो के आगे झुकूंगा नहीं

गढ़ते है कांटे भला गढ़ने दो

चट्टान सा अटल हूँ रुकूँगा नही

ठीक इसी तरह हमे बड़ते जाना है

जीवन में हमारा महत्व कुछ भी क्यों न हो हमारी पहचान भले ही
अलग हो

किन्तु लक्ष्य एक होना चाहियें

अपने राष्ट्र को परम वैभव तक ले जाने का लक्ष्य

और इसी लक्ष्य को साधने का निरंतर पर्यतन मेरी कलम करती
रहती है

जिसकी एक झलक आपको यहाँ मेरी देश भक्ति कविताओ में देखने
को मिल सकती है

अभी मेरा ये पहला प्रयास है आशा करता हूँ की आपको मेरी
कविताएँ पसंद आएगी

और आगे भी हमारी भेट इसी तरह होती रहेगी देश भक्ति गीत
कविता किस्से व् कहानियों के साथ
- जय हिन्द

1. जय जन्मभूमि

सात द्वीप नौ खंड
ब्रह्माण्ड सारा प्रचंड
आदि और अनंत
और समुंद्र समंत
जम्बूद्वीप अखण्ड
धरती और गगन
हम प्रदान करा देंगे
मस्तक भी अपना
माँ तुम्हारे नाम कर देंगे
भारत माता की जय।।

2. भारत क्रांति

बिखर गए टुकड़ो में हम
गिरे मिले इस मिट्टी में
जब जंजीरे जकड़ी माँ को थी
आज़ादी का साधन न था
जात पात में बट गए थे
कट गए थे धर्म से अपने
भेद भाव जब बड़ा अधिक था
सर पर थी अंग्रेजी सत्ता।
ये सत्ता बहुत पुरानी थी
मुग़लो ने भी संभाली थी
और हमने सही गुलामी थी
बस हमने सही गुलामी थी
गुरु नानक की हुंकार से
धर्म के रक्षक बोल उठे
मुग़लो के हृदय के भीतर
देश भक्त के ख़ौफ़ उठे
देश धर्म के नारों से
बस आज़ादी की आस थी
तब प्रताप की तलवार ने
अकबर को दी ललकार थी
रक्त शिवा का खौल उठा
काल अफ़ज़ल का भी डोल उठा
गुरु गोविंद के पुत्र बलिदान ने
भारत माँ के सम्मान में

शीश चरणों मे अपना चढ़ा दिया
औरंज़ेब का शासन हिला दिया।
पर दूर अभी आज़ादी थी
अभी मुग़लो की ही बारी थी
बावर से लेकर बहादुर तक
मुग़लो ने ही राज किया
मेरी भारत माता को
जंजीरो में ही जकड़ दिया
बस और नहीं सहेंगे हम
हम आज़ादी के मारे थे
उस स्वतंत्रता संग्राम में
वीर हमने भी उतारे थे
काल 1857 का
प्रथम स्वतंत्रता संग्राम था
और बहादुर की गद्दी गिर गई
मुगल शासन का पतन हुआ
सोचा माँ को पुकार दूँ माँ...
अब ये अपना वतन हुआ।
माँ ने सुनकर दिल से बोला
सुन मेरे प्यारे बालक
क्या पता आज़ादी मेरी
अभी कितनी कोशो दूर है
और आज़ादी के मतवालों पर
कितनी आँखें क्रूर हैं।
मुग़लो का शासन पतन हुआ पर
अब अंग्रेजो की बारी थी
माँ के चरणों मे नतमस्तक हम
हमें धरती माँ ही प्यारी हैं
हम भारत माँ के रखवाले

हमें आज़ादी की आश थी
फिर आज़ादी के मतवालों में
मंगल ने हुंकार दी
और जय हिंद के नारों से
अंग्रेजो को हुंकार दी।
फिरंगियों के शासन में
विक्टोरिया का राज हुआ
हुआ कभी ना था ऐसा
वो सब सारा आज हुआ
समय विपरीत भारत का था
वक्त गजब का खेल गया
अखंड भारत को नजर लगी
खंड खंड में फैल गया
इतिहास रचा गया ऐसा
की भेद भाव का खेल हुआ
अब जात पात में बट गए है
धर्म से अपने कट गए है
आज़ादी की आश लिए
कर्म से अपने हट गए है
बस और नहीं सहेंगे हम
हमे आज़ादी की आश है
फल ईच्छा बिन कर्म करेंगे
हम भारत की शान है
शान हमें देश पर थी
बल बुद्धि के तेज पर थी
किन्तु जीत अभी मिली नहीं
आज़ाद जंग जारी रही
वो शासक छल कपट के थे
फुट डाल शासन करते

राजा मंत्री सब उनके गुलाम
लाचार हुए मजदूर किसान
फुट डाल शासन करते
सत्ता प्रशासन सब उनके।
गुलाम हमको बनाकर के
भारी बेड़ी में जकड़ दिया
हमारे देश मे हमसे ही हमको
बहुत ही गहरा सबक दिया।
सबक एकता के शुत्र का
बंधु बंधु और भाई मित्र का
राष्ट्र धर्म के अस्त्र शस्त्र का
सबक अखंडता के मंत्र का।
सबक मिला जलगई बाती
एक हुए बिखरे साथी
जात पात का ढोंग मिटा दो
ये दहाड़ रही अपनी छाती।
अब काल दुष्ट का आया हैं
अंग्रेजो को फरमाया हैं।
स्वेत अश्व पर हुए सवार
धरती की रक्षा को तैयार
जिसे देख शत्रु छोड़े पानी
फिरंगी विरूद्ध झाँसी रानी
शत्रु सत्ता डगमग डोले
झाँसी के शस्त्र भी ये बोले
हम शत्रु मार भगाएंगे
और भारत विजय बनाएंगे।
यहाँ भी गाथा शौर्य रही
पर आज़ादी अभी तक मिली नहीं
चिंगारी तो शूलगादी गई

पर वक्त को ये मंजूर नहीं।
वक्त चला और बात चली
दिल पर लगी जो घात चली
आश चली आज़ादी की
शत्रु सत्ता बर्बादी की।
तात्या टोपे की गर्जन से
सेना की तलवार उठी
तलवारो की ललकारो ने
तेज तुरंग धारों ने
धर से मस्तक भिन्न किया
प्राण शत्रु से छीन लिया
पर वह भी घमंड प्रपंची थे
तात्या अकेले क्या करते।
सेना केवल एक राज्य की
शत्रु नहीं हरा सकती
साथ राष्ट्र को चलना होगा
समस्त भारत को लड़ना होगा
पंजाब, कश्मीर, लाहौर, हिमाचल
आंध्र प्रदेश, केरल, कर्नाटक
असम, त्रिपुरा, मेघ, बंगाली
गुजरात, मराठा,धरती मेबाड़ी
दिल्ली और उत्तर प्रदेश
दसों दिशा से मेरा देश
धरती अम्बर कैलाश शिखर
सात नदी हिन्द समंदर
जब पांचजन्य बजाएगा
घनघोर प्रलय मच जाएगा
शत्र उठे शत्रु के समक्ष
और कुरुक्षेत्र बन जाएगा

अंत अधर्मी का होगा
दुष्ट कुकर्मी का होगा
जंजीरे तोड़ी जाएगी
या तो पिघलादि जाएगी
जंग लगे पहुँचेगा घात
अंग्रेजी सत्ता पर आघात
होगा पुनः गीता का सार
मेरा भारत होगा आज़ाद
वक्त याद करेगा वीरो को
रणभूमि के रण धीरो को
होते तो मिलती आज़ादी
सम्राट वीर विक्रमादि
कृष्ण देव तेनाली जी
चंद्रगुप्त और चाणक्य
सम्राट अशोक पृथ्वी राजे
ज्ञात राष्ट्र के वीरो का
भारतभूमि के शेरो का
कर मस्तक अब तन जागे
देख शत्रु और भग जावे
नव युग में नूतन उदय
मेरा भारत होगा विजय
आज़ादी के मतवालों का
भारत माता के लालो का
फिर से जन्म हुआ है जी
फिरंगियों के कालों का
आज़ादी का मन में आनंद
ले झूम उठे विवेकानंद
भारतभूमि से पश्चिम तक
भारत का गुणगान किया

कर विदेशो में भ्रमण
भारत माता का नाम किया
योगिराज बिरसा मुंडा ने
अंग्रेजी शासन हिला दिया
बंकिमचंद्र आप्टे वीरों ने
ख़ौफ़ दिल मे फैला दिया
जब सत्ता हुई इनकी कमजोर
गरम हथौड़ा दे मारा
मदनलाल और खुदीराम की
छाती अब हुंकार भरे
करतार मुकुंद और दीनदयाल भी
शेरो सी ललकार करे
हृदय शत्रु का कर कमजोर
मस्ती में बसंत भी डोल उठा
भारत माँ की रक्षा हेतु
अमीरचंद्र भी बोल उठा
यतीन्द्रनाथ वीर सावरकर का
लाल लहूं भी खोला था
भारत माता के ये सेवक
भगवा इनका चोला था
केशव माधव गंगाधर ने
वीरो सी कथा दिखाई है
आज़ादी हेतु अपने तन पर
लाला ने लाठी खाई है
बलिदान हुए है जाने कितने
भारत आज़ाद कराने को
मन विचले जाने कितनों के
वंदेमातरम गाने को
शत्रु की छाती करने भयभीत

अब स्वयं प्रलय बन जाना है
राष्ट्रगान को खुले अम्बर तक
रवींद्रनाथ को गाना है
सरफ़रोशी की तमन्ना
गीत सदा जिसने गाया
काण्ड करा काकोरी का जब
देख के शत्रु घबराया
रामप्रसाद अस्वाक तुल्ला ने
घनघोर प्रलय मचाया था
अंग्रेजी सत्ता दहलाने को
आज़ाद धरा पर आया था
गुलाब कौर भीखाजी कामा भी
शत्रु के सम्मुख आये थे
कूद पड़े थे ये भी रण में
भारत आज़ाद कराने को
राजगुरु सुखदेव भगतसिंह
तीन केसरी भारत के
इंकलाब का नारा था
सपने इनके आज़ादी के
दुश्मनो की जड़ पकड़ी थी
शत्रु कंगाल कराने को
दिन दहाड़े सांडर्स दे मारा
भारत का रूप दिखाने को
असेम्बली में फोड़ा था बम
दत्त ने इन्हें सुनाने को
गूंज उठे आज़ादी नारे
बहरे कान जगाने को
जलियाबाले का बदला भी
भारत वीरो ने ले डाला

लंदन में जाकर दायर को
उधम सिंह ने दे मारा
गांधी जी का भी नारा
भारत आज़ाद कराना है
हिन्द फ़ौज को लेकर दिल्ली
सुभाष चंद्र को जाना है
भारत के लाल सुहाने है
ये अनमोल रतन की माला है
देखा सपना आज़ादी का जो
मानो सच होने वाला है
वक्त बड़ा ही निकट आ रहा
कमर कसे अब बैठे हम
आजादी का जो भीतर सपना
आजाद धरा को देखे हम
उठा वीर मस्तक ऊँचा अब
शत्रु में कितना जोर है
सन 47 में पलड़ा अब
देखे कितना किस और है
देखे छाती अंग्रेजों की
कितनी चौड़ी हो जाती
हो सत्ता आगे भी इनकी
या सत्ता छीनी जाती
समय भयंकर तांडव करता
वीरो की आँधी आई है
भयभीत करने शत्रु सत्ता
भूमि भी मचलाई है
वक्त दिखाई देने लगता
उस अंग्रेजी सत्ता को
अंत दिखाई देने लगता

उस अंग्रेजी सत्ता को
जब काल दिखाई देने लगता
तो जाने की तैयारी की
पहले उनकी सत्ता थी
अबकी अपनी बारी थी
कदमो में अपने छाले पाकर
रथ यहाँ तक आया है
वीरो ने अपना रक्त बहाकर
भारत आजाद कराया है
मध्य रात्रि की सोभा में
दिन का सूरज चमक रहा
काली काया की बैड़ी पर
आज़ाद हथौड़ा थमक रहा
पता नही आज़ादी हेतु
कितनो का लहु लुहान हुआ
कितनो ने तो बचपन खोया
और तरुण वीरान हुआ
पता नहीं कितनों के मस्तक
तन से अलग हुए है जी
आज़ादी पाने की खातिर
कितने जतन हुए है जी
भारत आज़ाद कराने पर
रजवाड़ो का जो ढेरा था
लौह पुरुष ने इन मोती को
एक शुत्र में फैरा था
राष्ट्र शक्ति की विजय पताका
ऊँचे अम्बर तक लहरे
भीमराव की भारत भक्ति
कानून बनकर के लहरे

धरती का रंग लाल हुआ है
तब आज़ादी पाई है
एक नही सौ सौ सिंगहो ने
अपनी जान गवाई है
परम पूज्य की वेला है कि
भारत आज़ाद कराया है
भारत आज़ाद कराया है पर
खंड खंड में पाया है।।
भारत माता की जय

3. भारत माता की जय

माँ मेरे कायर मन में
वीरो सी आग लगा देना
माँ मेरे कायर तन को
चिंगारी से सुलगा देना
वीरो का में गुणगान करू
माँ सच्चा वीर बना देना
मेरी इस कायर बुद्धि में
माँ बौद्धिक तेज़ जगा देना
छत्रपति , राणा जैसी
अब तो, मैं हुँकार भरू
मातृ भूमि रक्षा हेतु
जीवन , मैं बलिदान करूँ
राजगुरु सुखदेव भगत सी
शक्ति मैं धारण कर लूँ
धर्म के खातिर अर्जुन जैसा
गांडीव हाथों में धर लूँ
चाणक्य सा तेज जगा माँ
प्रहलाद सी भक्ति हों
तोड़ सकें हर चक्रव्यूह जो
ऐसी मेरी बुद्धि हों
अखंड भारत विजय करें माँ
चंद्रगुप्त सी शक्ति हों
विक्रम जैसा न्याय करू में
रामा जैसी युक्ति हों

भगवा में धारण कर लूं माँ
त्याग विवेकानंद सा हों
भीमराव सा ज्ञान जगा माँ
वेराग्या संतो जैसा हों
कर्ण जैसा दान करू माँ
तन - मन को इस जीवन को
ज्वलां मैं, सीने मे भरू माँ
करने तेरी रक्षा को।
भारत माता की जय
.... पारस

4. जय हिंदुस्तानी नारी

तु बेटी मेरे भारत की
तु दुर्गा की भक्ति
नवरात्रो की तु नौ देवी
झांसी वाली शक्ति।।
कलकत्ता की तु काली
तु ही पद्मावत रानी
तु नीले अंबर की गुंजन
शिवजी की रुद्राणी।।
तु कल्पना नभमंडल की
दंगल की गीता हैं
बरसाने की राधा रानी
त्रेता की सीता हैं।।
तु गंगा, यमुना की धारा
माँ लक्ष्मी, शारदा, सावित्री
तु रक्षाबंधन की राखी
विश्व हितेषी माँ धरती।।
प्रणाम तेरे जीवन अर्पण को
रणभूमि की छत्राणी
तु बेटी मेरे भारत की
जय हिंदुस्तानी नारी
......पारस

5. गा तू वन्देमातरम

शंख की पुकार ये
सिंह सी दहाड़ है
हाथ मे कटार ले
थामने नहीं कदम
तू सुन जरा तू गा वतन
गा तू वन्देमातरम।१।
बुद्धि का प्रमाण दे
भक्ति का प्रमाण दे
प्रमाण दे तू शक्ति का
हम नही कीसी से कम
सुन जरा तू गा वतन
गा तू वन्देमातरम।२।
देश गीत गाता चल
हाथो में उठाले हल
विरोधियों का तोड़ बल
शीश को उठाके चल
सुन जरा तू गा वतन
गा तू वन्देमातरम।३।
आसमां ये ज्वाला है
प्रवाहिनी भी लावा है
धरती ये अंगार है
चल रही हवा गरम
सुन जरा तू गा वतन
गा तू वन्देमातरम।४।

माँ भारती की है पुकार
संगठन की ये दहाड़
शत्रु को भी दे पछाड़
मातृभूमि को नमन
सुन जरा तू गा वतन
गा तू वन्देमातरम।५।
देख शक्ति हिम की
हिन्द के समुंद्र की
कर्तव्य पथ परेड़ देख
थम नहीं रहे कदम
सुन जरा तू गा वतन
गा तू वन्देमातरम।६।
विश्व मे महान है
देश का ये संविधान
धर्म तेरा देश है
कर्म तेरा लोकतंत्र
सुन जरा तू गा वतन
गा तू वन्देमातरम।७।
कृष्ण का तू चक्र धर
पाप का तू काल बन
धर्म की लहरा ध्वजा
अधर्म का संहार कर
सुन जरा तू गा वतन
गा तू वन्देमातरम
सुन जरा तू गा वतन
गा तू वन्देमातरम।८।।

.....पारस

6. खुश रहना माँ

खुश रहना माँ
लाल तेरे इस धरा पर
जन्म लेके आये है
इश्क़ नहीं माँ इंकलाब के
गीत हमने गाये है
सौ सिंह के बलिदानों ने
स्वाधीनता का रथ खिंचा है
क्रांतिवीर के रक्त से माँ
इस धरा को सींचा हैं।
इस धरा की गोद मे माँ
तलवारो से बच्चा खेला हैं
ए विश्व विजयी अखण्ड भारती
तुझे सदा खुश रहना हैं
माँ तुझे सदा खुश रहना है।

7. नदियाँ गंदी क्यों

गंगा यमुना को माँ कहते हो
जीवन पावन करने को
फेंक आते हो कूड़ा कचरा
पानी गंदा करने को
नदिया सारी गंदी करकर
तुमको लाज नहीं आती
साफ करो' माँ चिक रही
क्या वो आवाज नहीं आती
उगता सूरज भी बोले
क्या दशा तुम्हारी करदी माँ
ये जितनी भी है सारी की सारी
मानव की गलती माँ
पूजा भक्ति करते हो तुम
माता कह पुकारा है
क्यो गंदा तुम कर देते हो
जो माँ का नदी किनारा है
चन्दा मामा भी घुस्से में
शीतलता को छोड़ रहा
नदिया सारी गंदी देखी
वो अम्बर से बोल रहा
आंखे खोलो है मानव
ये नदी तुम्हारी माता है
कूड़ा कचरा तू घर का डाले
कैसे गंदा कर आता है

हम को अम्बर भी कोसे
अब तो लज्जा करले हम
नदियाँ सारी स्वच्छ करने
स्वयं की सज्जा करले हम ।।
......पारस

8. है मेघ बरसने वाले

है मेघ बरसने वाले
अब थोड़ा विश्राम करो
रौद्र रूप प्रलेयांकरकारी
पुलकित हो आराम करो
है धरा को जल से भरने वाले
कैसी प्रलय दिखा डाली
कर्ण कर्ण को पत्थर को तुमने
जल में मग्न करा डाली
उच्च निकेतन टिके रह गए
बस्ती धनहीन की डूबी
धन से हीन को हानि देकर
तुमको ईश्वर क्या सूजी
है वरुण इंद्र मेघो के राजा
मैं प्रश्न उठाने आया हूँ
विन मौसम की वर्षातो का
मैं क्षति दिखाने आया हूँ
कृषक श्रमिकों का भी तुमने
ध्यान जरा सा धरा नहीं
'थर्मों मेघ' इनकी विनती
के शब्दों को पूर्ण करा नहीं
जहाँ रह गई भूमि सुखी
वहाँ पर दया दिखा देते
रूप प्रलयंकर धरने वाले
अभ्युदय रूप दिखा देते

दया करो सागर की बूंदे
झर झर कब तक बरसोंगी
अब भीग रहा है सारा जीवन
क्या चैतन्य भी गीला कर दोगी
है मेघ बरसने वाले
अब थोड़ा विश्राम करो
रौद्र रूप प्रलेयांकरकारी
पुलकित हो आराम करो।।

९. गुरु

गुरु है ईश्वर गुरु है पूजा
गुरु ही जीवन न कोई दूजा
गुरु दिवाकर गुरु है चंदा
गुरु ही विष्णु शंकर ब्रम्हा
गुरु है ऊर्जा गुरु है भक्ति
गुरु ही मेरे मन की शक्ति
गुरु है अर्पण गुरु है तर्पण
गुरु ही मेरे सच का दर्पण
गुरु है दीपक गुरु है ज्वाला
गुरु अंधेरा मिटाने वाला
गुरु बोध है गुरु है बुद्ध
गुरु ही निर्मल शीतल शुद्ध
गुरु है ईश्वर गुरु है पूजा
गुरु ही जीवन न कोई दूजा।।

10. नारी एक रूप अनेक

फर्ज बहन का माँ की ममता
प्यार बहुत निभाया है
दुश्मनो के समक्ष खड़े हो
छात्राणी रूप दिखाया है
बनकर के माँ सावित्री बाई
ज्ञान का दीप जलाया था
छोटी छोटी कन्याओं में
बौद्धिक ज्ञान जगाया था
रूप कभी काली का धरकर
रक्त बीज का अंत किया
कभी सुधा बनकर के माँ
निर्धन को धनवान किया
जब वीणावादनी बन जाती हो
जगमग करती हो संसार
शत्रु मार भगाने वाली
तुम्ही देवी माँ झलकार
नारी एक है रूप तुम्हारा
रूप अनेक धर जाति हो
चट्टाने च कैसी भी हो
मोद मोद चढ़ जाती हो।।

11. भारत माता की जय जय कार

चाहो तो कैलाश हमारा
न चाहने पर पत्थर भी छुटे
चाहो तो सागर पर काबू
न चाहने पर मटका भी फूटे

चाहो तो अम्बर पर शासन
न चाहने पर धरती भी छूटे
चाहो तो हमसे भयभीत हो
काल के प्राण भी छूटे

चाहो तो जीवन की धारा
चाहो तो भ्रमाण्ड हमारा
चाहो तो पत्थर भी सोना
चाहो तो ये कोना कोना

चाहो तो मिट्टी में चंदन
तीनों लोक में गूंजे वंदन
चाहो तो दीपक की ज्वाला
अंधकार मिटा उजियाला

चाहो तो ये कांटे कंकड़
कण कण में शिव सभु शंकर

चाहो तो भारत की जय जय
जम्बूद्वीप अखंड की जय जय

जय गूंजे कैलाश शिखर की
भारत अखंड के भूमंडल की
हिन्द महा सागर की जय जय

नदियों की जय पर्वत की जय जय

चन्दा की जय सूरज की जय जय
ऋषियों की जय गुरुओ की जय जय
नौ खंड सात द्वीप की जय
गीता की जय वेदों की जय

सीता की जय राधे की जय
वेशभूषा की भाषा की जय
मर्यादा धर्म आदर्श की जय
जय दीप भाल जय महाकाल

शत्रु का अंत वीरो के प्राण
भारत की जय भारत की शान
भारत पिता जग पालनहार
सातो द्वीपो का एक सार
भारत माता की जय जय कार।।

12. बुलंदी

भटका मैं जिस ध्येय पथ पर अडिग रहने का प्रण किया था
टूट गया जिन बादो को पूरा करने का संकल्प लिया था
और लहरों से टकराने की कसमें कभी खाता हूँ
आज मौन पड़े सागर में कश्ती उतारने से घबराता हूँ
कहा था कभी संकटो का संकट बनूँगा संकट स्वयं टालूँगा
और यदि संकट आ भी गया तो तलवार प्रथम निकालूंगा
और सिंह गर्जना कर जिन वचनों को में दिया करता
आज संकट समक्ष आ जाने पर डरता और कायर बनता
की शूलों पर दौड़ लगाने को ज्वाला सी बन जाने को
अम्बर से टकराने को और चट्टानें पिघलाने को
सम्राट रूप धरने की सौगंध कभी जो खाता हूं
आज किसी कायरता की भांति मैं मंडराता हूँ
किंतु निश्चित रात ढलेगी और अंधकार टलेगा
और साथ दिवाकर के चलकर आवेगा नया सवेरा
और आज समय विपरीत हुआ तो विपत्तियों ने घेरा
पर कब तक यूँ ही काल छलेगा वक्त आएगा मेरा
और लक्ष्य भेद करने को आंगारो पर चलता हूँ
संकटो को टालने में काल स्वयं बनता हूँ
और सागर को तर जाने की बुलंदिया ठाना हूँ
शत्रु देख जिसे भय खाता मैं वही राणा हूँ।।

13. क्या है वन्देमातरम

हिमालय की चोटी में कैलाश वन्देमातरम
हिन्द पारावार की लहर वन्देमातरम
है उड़ रहा आकाश में तूफान वंदेमातरम
वीरता के रग में रक्त उफ़ान वन्देमातरम
सर कटे धड़ लड़ रहे हुंकार वन्देमातरम
है लहू लुहान जो तलवार वन्देमातरम
वीरो की शान है मेवाड़ वन्देमातरम
राणा की पुकार में ललकार वन्देमातरम
छत्रपती की गर्जना में जयकार वन्देमातरम
इस मिट्टी के लाल का बलिदान वन्देमातरम
माँ भारती की ममता का प्यार वंदेमातरम।।
.........पारस

14. गीत सुहाने गाये हिंदी

गीत सुहाने गाये हिंदी
जग रोशन कर जाए हिंदी
जीवन को महकाये हिंदी
तन मन को हर्षाये हिंदी
राष्ट्र प्रेम की भाषा हिंदी
भारत विजय पताका हिंदी
जय हिंदी का नारा हिंदी
भारतवासी भाषा हिंदी
माँ भारत का उपहार हिंदी
राणा की ललकार हिंदी
भक्ति का जयकार हिंदी
आज़ादी तलवार हिंदी
काशी की पहचान हिंदी
प्रेमचंद्र की शान हिंदी
तुलसी का अभिमान हिंदी
रामायण का गान हिंदी
दिनकर का सम्मान हिंदी
कवियों में रसखान हिंदी
संस्कृत की मुस्कान हिंदी
डमरू की टंकार हिंदी
सब की माँ रखवाली हिंदी
आसमान की लाली हिंदी
सूर्य सी तेज निराली हिंदी
बोली में मतवाली हिंदी

गीत सुहाने गाये हिंदी
जग रोशन कर जाए हिंदी
जीवन को महकाये हिंदी
तन मन को हर्षाये हिंदी।।
........पारस

15. चमार रेजिमेंट

एक कौम शुद्र की
शिव रूप रुद्र की
शौर्य की वो कौम हैं
अंगार रोम - रोम हैं। १।
फिरंगियों की फौज में
हजार रेजिमेंट थी
देश मेरा इसलिए
फिरंगी का गुलाम था। २।
आज़ाद दृश्य लिए
सुभाष चंद्र चल दिये
आज़ाद हिंद करने को
हिंद फौज गढ़ दिये। ३।
विश्व युद्ध दूसरा
फिरंगियों के ओक में
सुभाष चंद्र भी चले
उन्ही की छाती ठोकने। ४।
विपत्ति चारो ओर से
फिरंगियों को घेरती
बनाके नव रेजिमेंट
सुभाष ओर भेजदी। ५।
शुद्र की वो वीर की
चमार रेजिमेंट थी
फिरंगियों की चाल को
पहले ही पहचान ली। ६।

शौर्य वीरता लिए
कदम - कदम वो चल दिये
हाथ शस्त्र धरके वो
हिंद फौज में मिलें। ७।
चमार रेजिमेंट की
पुकार वंदे मातरम्
खड़ी फिरंगी के विरूद्ध
सुभाष चंद्र बॉस संग। ८।
कौम वीर चमार की
शत्रु को ललकारती
फिरंगियों की छाती से
रक्त को निकालती। ९।
चमार रेजिमेंट की
देख देश भक्ति को
फिरंगियों ने करदी ध्वस्थ
इस महान शक्ति को। १०।
प्रणाम ऐसी कौम को
कौम के बलिदान को
चमार रेजिमेंट को
माँ भारती के लाल को।११।

16. दौड़ अभी भी जारी है

जो खोना था सब खो चुके
खोकर जीवन हार चुके
अब जीत की तैयारी है
कुछ पाने की बारी है
दौड़ अभी भी जारी है
नंगे पांव हमारे है
कांटे भी लगते जारे है
घाव हुआ गहरा कदमों में
अब दर्द सहने की बारी है
दौड़ अभी भी जारी है
अंगारो सी जमीं हुई
अम्बर आग उगलता है
कंठ हमारा प्यासा है
हालात बुरी हमारी है
दौड़ अभी भी जारी है
आतंकों का खोफ़ नहीं
यह काली रात के साये है
छांटने इस काली रात को
प्रकाश बनने की तैयारी है
दौड़ अभी भी जारी है
डर डर कर जीवन हारा है
जो मेरा और तुम्हारा है
अब हार को हराना है
डर को डराने की बारी है

दौड़ अभी भी जारी है
बचपन खोया जीवन हारा
सब कुछ खोया सब कुछ हारा
अब हार न हमने मानी है
जीतने की ठानी है
दौड़ अभी भी जारी है।।

17. छत्रपति शिवाजी महाराज

शिव शंभु का रौद्र रूप
मातृभूमि का है सेवक।
काल का भी काल हैं
हिंदुवीर महाकाल हैं।
बल बुद्धि का तेज है
प्रचंड शक्ति का शेर है।
जब रणभूमि में आता है
वीरभद्र बन जाता है।
मातृभूमि भक्ति हेतु
हनुमान रूप धर जाता है।
विकराल रूप प्रचंड रूप
सर्वशक्ति का वो अखंड रूप।
जिसे देख शत्रु कांपे थर - थर
सिंह रूप उसका भीषण।
भगवा तिलक विराजे मस्तक
भगवा तन मन भगवा जीवन।
स्वराष्ट्र सर्वश्रेष्ट स्वपन लिए
हाथ शस्त्र धर लेता है।
सत फूटी अफ़जल के जो
पंजो से प्राण हर लेता है।
भर भूजाओं में बल को
परास्त करता शत्रु दल को
औरंगजेब का काल है
माँ भगवती का लाल जी

सौ समान सिंह सा
छत्रपति महाराज जी
जय भवानी जय शिवाजी

• 36 •

सौ समान सिंह सा
छत्रपति महाराज जी
जय भवानी जय शिवाजी

18. हमको बता थकना है क्या

बढ़ते रहो रुकना नहीं
चलते रहो झुकना नहीं
चलते कदम रुकते कभी
हमको बता थकना है क्या
बढ़ते रहो रुकना नहीं
चलते रहो झुकना नहीं
चलते कदम रुकते कभी
हमको बता थकना है क्या
विश्व का बन भूपति
है आश तन मन की यही
ऊँचा रहे अपना वतन
अपना वतन अपनी जमी
बढ़ते रहो रुकना नहीं
चलते रहो झुकना नहीं
चलते कदम रुकते कभी
हमको बता थकना है क्या
ऊँचा शिखर ललकारता
मस्तक उठा झुकना नहीं
तू तीर बन तलवार बन
विरोधियों का काल बन
बढ़ते रहो रुकना नहीं
चलते रहो झुकना नहीं
चलते कदम रुकते कभी
हमको बता थकना है क्या

विश्व का सम्राट बन
रूप में विराट बन
तेज धर प्रताप का
अंत कर संताप का
बढ़ते रहो रुकना नहीं
चलते रहो झुकना नहीं
चलते कदम रुकते कभी
हमको बता थकना है क्या
बढ़ते रहो रुकना नहीं
चलते रहो झुकना नहीं
चलते कदम रुकते कभी
हमको बता थकना है क्या।।

19. मानव पर कलयुग

काल के क्रूर का यह जो कलयुग है
काले मानव पर काला कलंकित युग है
मायावी आडम्बरो में यह जो धस रहा है
निकल नही सकता स्वयं मायावी बन रहा है
लालच के प्रपंज पे पड़ा लालशी हो गया
कर्म कर्तव्य को त्यागा और आलशी हो गया
काम क्रोध को अपने अन्दर समाता जा रहा है
मद मदिरा का सेवन कर लाचार बनता जा रहा है
सत्य का तो मानो सत्यानाश कर दिया
अपनी क्रूरता से सृष्टि का विनाश कर दिया
धर्म के नाम पर तो केवल झगड़ता है
धर्म का ज्ञात नहीं स्वयं अधर्म करता है
काल के क्रूर का यह जो कलयुग है
काले मानव पर काला कलंकित युग है।।

20. गलत मत समझना

गलत मत समझना
मेरे ख्वाव और इरादे को
गलत मत समझना
इस मिट्टी से किये वादे को
गलत मत समझना
मेरी राष्ट्र भक्ति सेवा को
गलत मत समझना
यहाँ की बोली भाषा ज्ञान को
गलत मत समझना
यहाँ परंपरा योग ध्यान को
गलत मत समझना
मेरे भारतीय संस्कृति लगाव को
चाहे गलत समझो तुम
विदेशी रहन सहन को
वहाँ के पिज़्ज़ा और वस्त्र पहन को
या फिर फिरंगियों के ज्ञान को
लेकिन गलत मत समझ ना
मेरे भारत के सम्मान को।।

21. तिरंगा

तीन रंग से भरा हुआ है
भारत की शान बढ़ाता है।
हिम शिखर की चोटी पर
जब तिरंगा लहराता है।
रंग प्रतीक जो शौर्य का
त्याग का बलिदान का।
रंग केसरी शीर्ष पर
बहादुरी की शान का।
दूजा श्वेत रंग है इसमें
शांति को दर्शाता है।
सत्यमेव जयते हमको
श्वेत रंग सिखाता है।
रंग तीसरा मिलकर के
ध्वज तिरंगा कहलाता है।
हरा रंग जनह्रदय का
हर्षित मन कर जाता है।
नीला चक्र सुदर्शन मध्य
धर्म का परचम फहराता है।
हिम शिखर की चोटी पर
जब तिरंगा लहराता है।
तीन रंग से भरा हुआ है
भारत की शान बढ़ाता है।
हिम शिखर की चोटी पर
जब तिरंगा लहराता है।

......पारस

22. भारत बंद ' क्यों '

वर्षो की गुलामी सेहकर,
मुक्त जंजीरों से कराया है।
मैने अपने भारत को,
अजनबियों से बचाया है।
अपनों की जंजीरों मे,
बंधक हो के मेरा देश।
क्या फिर आजाद हो पाएगा।
तोड़ के जंजीरें गेरो कि,
भारत अपनो से बंध हो जाएगा।
क्या सही है भारत बंद।।

23. हिंदी कविता

- हृदय से हिंदी को मैं जानूं ,
  हिंदी भाषा को पहचानूँ ।
  तन हिंदी है मन हिंदी है,
  सारा ही जीवन हिंदी है।
  रग-रग मेरी हिंदी बोलें,
  मन चंचल हिंदी में डोले।
  बचपन भी हिंदी में बिता,
  मैं-जो सीखा हिंदी में सीखा।
  कलम हाथ में जब भी आती,
  ये भी हिंदी की हो जाती।
  मैं जब कोई कीताब पढ़ूं,
  हिंदी का ही गुड़गान करू।
  हिंदी गाकर में तरुण हुआ,
  हिंदी में वृद्ध हो जाना है।
  उगता सूरज मैं हिंदी का,
  हिंदी में ही सो जाना है।।

24. वर्ण परिचय

वर्ण परिचय देता हूँ
झूठ नहीं सच कहता हूँ।१।
वेद पुराण में पढ़कर के
जब धर्म का मार्ग दिखाता हूँ
तिलक जनेऊ धरकर में
में - ही ब्राह्मण कहलाता हूँ।।२।
जब हाथ शस्त्र आ जाए तो
दुष्टो का काल बन जाता हूँ
रणभूमि हमें पुकारे तब
में - ही क्षत्रिय कहलाता हूँ।३।
पेट पालने हेतु में
व्यापार जब करने जाता हूँ
वस्तुएँ प्राप्त करा दूँ तो
में - ही वैश्य कहलाता हूँ।४।
मातृभूमि के चरणों का में
जब सेवक बन जाता हूँ
राम - नाम गुण गाने वाला
में - ही शूद्र कहलाता हूँ।। ५।
क्षत्रिय,ब्राह्मण, वैश्य, शूद्र जब
एक सूत्र में आते हैं
सभी धर्मों का परम हिंदू धर्म
सनातनी कहलाते हैं।६।
धर्म परिचय देता हूँ
झूठ नहीं सच कहता हूँ। ७।

नहीं वर्ण कोई जात नहीं
मेरी इनसे पहचान नहीं
रग - रग मेरी राष्ट्र धर्म है
में - ही सम्पूर्ण सनातनी।८।

25. चरित्र हीन है पैसा

शब्द तो अच्छा है पर चरित्र हीन है पैसा
मानव जीवन का कलंक और कलंकित है पैसा
घटती शिक्षा का बढ़ता हुआ व्यापार है पैसा
परिवार में दरार डालने वाली दीवार है पैसा
पैसा राष्ट्रहित का गला घोंटने बाला फंदा है
कोठे और ठेकों पर चलता काला धंदा है
गद्दारो की भारत से गद्दारी है पैसा
देश विरोधी कंठो से खुद्दारी है पैसा
अंधकार की काली रात की छाया है पैसा
सच की अंतिम घड़ी है झूठी माया है पैसा
पैसा कृषक श्रमिकों का अधिकार छिनता है
छुरी बनकर के गरीब की छाती चीरता है।।

26. अखँड भारत "

अखंड भारत का स्वप्न
अभी अधूरा है।
भरके शिने में देश भक्ति का जज्बा
इसे करना पूरा है।
आग लगा दो जिन्ना जैसे
लोगों को
जो देश को तोड़ने का काम
करा करते है।
अब खंड - खंड इन भारत के
टुकड़ो को
आज अखंड बनाने का प्रयास
हम करते है
.... पारस

27. संघ समर्पित

संघ की सम्पूर्ण तपस्या
धर्म के तप को समर्पित
संघ की अखंड प्रतिज्ञा
अखंड भारत को समर्पित
संघ समर्पित साधना को
त्याग को बलिदान को है
संघ समर्पित देश को
धर्म को संविधान को हैं
संघ समर्पित ज्ञान को
सत्य को प्रभु राम को है
संघ की अखंड प्रतिज्ञा
अखंड भारत को समर्पित
संघ की आध्यात्मिकता
वेद पुराणों को समर्पित
संघ की है कृष्ण भक्ति
भागवत गीता को समर्पित
संघ का सम्पूर्ण जीवन
राष्ट्र सेवा को समर्पित
संघ की अखंड प्रतिज्ञा
अखंड भारत को समर्पित।
संघ का हैं स्वयंसेवक
मातृभूमि को समर्पित
चरणों में माँ भारती के
संघ का मस्तक समर्पित

संघ भगवा पूज्य हैं
जिसपर हर हिन्दू समर्पित
संघ की अखंड प्रतिज्ञा
अखंड भारत को समर्पित
संघ का मैं स्वयंसेवक
राष्ट्र संघ को समर्पित
संघ की सम्पूर्ण साधना
धर्म के तप को समर्पित
संघ की अखंड प्रतिज्ञा
अखंड भारत को समर्पित।।
.... पारस

28. हिन्दी दिवस

हिंदुस्तान की जनता में
क्यों अंग्रेजी बोलबाला हैं
छोड़ दो ये सब
ये सब गुलामी जाला हैं
घर से निकलते ही
क्यों अंग्रेजी गुनगुनाते हो
अपनी पहचान भी बेटा
क्यों अंग्रेजी में बताते हो
यह हिंदुस्तान
हिंदुओ का स्थान हैं
यहाँ किनारे सिंधु घाटी
हिन्दी की पहचान है
फिर क्यों नकारा हिन्दी को
अंग्रेजी में पहचान दी
क्या भूल गए उन लोगो को
जो हिन्दी की ही शान थी
अमर कांत, भीष्म साहनी
हिन्दी प्रेमी काशीनाथ थे
प्रेमचंद, प्रसाद, गुलेरी
सब हिन्दी की शान थे
लेख लिखा हिन्दी में
हिन्दी इनकी भगवान थी
हिन्दी भाषा,कलम, पुस्तक
सब इन्ही की जान थी

अमर हुए ये महान कवि
हिन्दी को नई पहचान दी
सितंबर 14 हिन्दी दिवस
आज इन्ही के नाम हैं
हिन्दी दिवस पर इसलिए
सब हिन्दी भक्त कहलाते हैं
फिर क्यों बेटा अगले ही दिन
अंग्रेजी गुलाम बन जाते हैं
माँ कहते हिन्दी को
कहते हिन्दी शान हमारी हैं
क्यों तूने फिर अपनी जान
अंग्रेजी में वसादि हैं।।

29. कलम की ताकत

एक कलम की ताकत तुमको आज दिखा देंगे
एक कलम में कितना है दम आज बता देंगे
एक कलम की एक कटार से होती है तकरार
तो एक कलम का बार न जाता है खाली बेकार
जब एक कलम से चल उठता है सारा ये संसार
तो एक कलम के आगे ही झुक जाता है संसार
जब एक कलम के सम्मुख आ जाए कोई तलवार
तब एक कलम की धार ही काटे ऐसी सौ तलवार
एक कलम से बनता कानून चलता है संसार
एक कलम की नोक पे बैठा इस जग का उद्धार
एक कलम को कोई बालक हाथ मे थामेगा
एक कलम को थामे बालक चलता जावेगा
एक कलम से हारा हार भी जीत के जाता है
एक कलम से मेरा बल भी बढ़ता जाता है
एक कलम ने कितनी कन्याओ का दान किया
एक कलम ने नारी को हक़ का सम्मान दिया
एक कलम से अर्जीत है संस्कृति का भंडार
एक कलम से होगा मेरे भारत का उद्धार
एक कलम की एक कटार से होती है तकरार
तो एक कलम का बार न जाता है खाली बेकार
एक कलम है तांडव शिव का दुर्गा की नौ शक्ति
और एक कलम ने हमको देदी हनुमान की भक्ति
एक कलम ने वेद दे दिए ज्ञान दिया गीता का
एक कलम ने राम दे दिया दिया चरित्र सीता का

एक कलम ने कृष्ण रूप धर रूप विराट दिखाया
एक कलम ने तांडव करके ज्वाला को भड़काया
एक कलम है बलिदानो का जीवन सार दिखाती
एक कलम ही भफत सिंह की फांसी आज सजाती
एक कलम जो जल्लादों का सच हमको दे जाए
एक कलम ही अकबर बाबर के काले कांड दिखाए
एक कलम राणा की वीरता तेज शिवा धरती
एक कलम ही मेरे भारत को आजाद करती
एक कलम ने भ्रष्टाचारों की खोली है पौल
एक कलम को उठा हाथ मे मौन रहेगा कौन
एक कलम की एक कटार से होती है तकरार
तो एक कलम का बार न जाता है खाली बेकार।।

30. नव वर्ष हमारा

वर्ष नया कैसे आया
भला नया ये क्या लाया
केवल अंक बदलता है
ना कोई ढंग बदलता है
न रात बदलती है इसमें
मौसम नहीं बदलता है
अंधकार की चादर है
कोहरे की कम्बल उड़ी हुई
न मन बदलता मानव का
न रूप बदलता कुदरत का
व्यक्ति बैठा आलस में
सूखे वृक्ष पड़े हुए
केवल अंक बदलता है
ना कोई ढंग बदलता है
जब मौसम गीत सुनाता हो
गगन लोरियां गाता हो
नव दिन दिवाकर लाएगा
अंधकार मिट जाएगा
कुदरत रूप निखारेगी
स्फूर्तिवान व्यक्ति होगा
वृक्ष सभी हो हरे भरे
आनंदमय जब हो धरा
नव वर्ष हमारा रहे सदा
चैत्र शुक्ल की प्रतिपदा।।

31. NRC

हिंदू - मुस्लिम एकता को
किसकी यारो नज़र लगी,
आपस मे लड़ - भिड़ने को,
क्यों अपनी कमर कसी। १।
क्या लड़ने से पहले इनको
अपने देश की चिंता ना थी,
खून - खराबा करा बहुत
और लाशे ढेर लगा दी। २।
आगजनी करी बहुत
वस्तु कीमती आग लगादी,
अपने ही भाई - बंधुओ पर
गोलियां क्यों चलादि। ३।
दोस्ती हमारी क्या इतनी नाजुक
NRC पर जो अटक गए,
किसी ने जमकर विरोध किया
और कोई समर्थन कर गए। ४।
छोड़ो सारी बातें यारो
ये राजनीति का खेल है,
हिंदू - मुस्लिम भाई - बंधु
यही हमारा मेल है । ५।
हम क्यों लड़े आपस मे यारों
हमारा खून से गहरा नाता है,
और मेरे भारत देश में
शत्रु भी मित्र बन जाता है। ६।

हिंदू - मुस्लिम भाई - भाई
यही हमारा नारा है,
सारे जहां से अच्छा
भारत देश हमारा हैं
.... पारस

हिंदू - मुस्लिम भाई - भाई
यही हमारा नारा है,
सारे जहां से अच्छा
भारत देश हमारा हैं

32. 21 से 27 दिसम्बर

25 दिसम्बर को क्रिसमस डे बनाते हो,

21 से 27 दिसम्बर का इतिहास क्यों भूल जाते हो।

25 दिसम्बर आते ही तुम सेंटा सेंटा गाते हो,

और वीरो कि कुर्बानी को अनजाना स बताते हो।

गुलाम बनाने वाले हमको,हमको कब का छोड़ गए,

फिर क्यों उनके तरीके अपनाकर,वहीं गुलामी दोहराते हो।

आज गुलामी नहीं इतिहास दोहराया जाएगा,

गुरु की कुर्बानी को फिर सुनाया जाएगा।

व दसवें गुरु सिक्खों के,गुरु गोविंद नाम था जिनका,

चार बेटे थे उनके बड़ा बलिदान था जिनका।

वो 21 से 27दिसम्बर का ही काल था,

गुरु का हर बेटा देश के लिए कुर्बान था।

दीवार में जिंदा चिनवाया गया, गुरु की छोटी लाली को,

फिर क्यों भूल गए गुरु की उस बड़ी कुर्बानी को।

धर्म के खातिर अड़े रहे,धर्म ना बदला अपना था,

देश के खातिर दी कुर्बानी आजादी उनका सपना था।

हां हां वही गुरु गोविंद सिंह जिनके चार साहिबजादे थे,

जो भारत माँ की मिट्टी से चंदन का तिलक लगाते थे।

तलवार चमकती थी हाथ में, मुग़ल खोफ खाते थे

गुरु के चरणों में आज हम अपना शीश नवाते है।

...... जय गुरु देव

....पारस

33. धर्म का प्रकाश कर

चल रही है आँधियाँ
तूफान का ये शोर है
करके सिंह गर्जना
बता दे कितना जोर है
ध्यान तेरा ध्यान तेरा
ध्यान किस और है
शत्रु है उधर खड़ा
बता दे तू भी कौन है
उठा खड़क बड़ा कदम
काल को तू थाम ले
क्रोध का विनाश कर
बुद्धि से तू काम ले
सजा ले आज माथे पर
रंग जो है केसरी
रौद्र को प्रणाम कर
बन जा नेत्र तीसरी
कौरवो की भीड़ में
सूर्य का तू अंश है
पांडवों के बीच में
विधाता का वंश है
कायर का अंत है
वीरता का तेज तू
पापियों का काल बनने वाला
काल भेष तू

युद्ध की विजय पताका
हाथो में तू थामने
अंधकार को मिटा
जो है तेरे सामने
तेरे लहु के तेज को
तेज को पुकारकर
धर्म का प्रकाश कर
धर्म का प्रकाश कर
चल रही है आँधियाँ
तूफान का ये शोर है
करके सिंह गर्जना
बता दे कितना जोर है।।

34. विजय दशमी

पर्व विजय दशमी का आया
सत्य की विजय को लाया
कहानी वही त्रेता की है
कथा राम राज्य की है
वनवास चौदह वर्ष का था
अवसर न कोई हर्ष का था
वन के भीतर वास राम का
सुर्फ़नखा का प्रवास वहाँ था
मोहित होकर वह राम पर
सीता को मारन चली थी
लक्षमण जी सचेत हो गए
वार कर दिया उसकी नाक पर
वह भरमाई घबराई सी
दौड़ी गई लंका की ओर में
हाल सुनते ही दशानन्द
दहल उठा व चारो ओर से
वह रावण बड़ा ही पापी है
अधर्मी महाविनाशी है
मुख पर उसके रौद्र रूप
भीतर से घमंड उछलता है
वो दशानन्द है राक्षस है
रावण वो अहंकारी है
छल कपट है उसके भीतर
सीता का हरण वो कर लाया

बुद्धि जीव होकर के भी
मूर्खता का परिचय दे आया
मति उसकी क्या मारी गई
माँ सीता का जो हरण किया
क्या जान उसे प्यारी नही
अंजाम इसका न स्मरण किया
दूत राम के एक से एक
रावण को शांति संदेश दे आये
व दूतो की लाज न रख पाया
सारे संदेशे ठुकराए
अंगद ने पैर को जमा दिया
हनुमान ने लंका जला दिया
सोने की लंका राख हुई
अहंकार वही पर मिटा दिया
जब काल दुष्ट का आता है
पानी पत्थर तैराता है
पाप अधर्म मिटाने को
शस्त्र उठाया जाता है
अब समय विजय का निकट आ गया
सभी दुष्टों पर काल छा गया
अश्विन माह की शुक्ल पक्ष थी
दिवस शुभ दशमी का था
माँ दुर्गा का ले आशीर्वाद
ले आये राम धनुषबाण
वो आदर्शवादी है देव तुल्य
मर्यादा पुरुषोत्तम प्रभु राम
रणभूमि है प्रस्थान किये
महादेव को प्रणाम किये
रावण भी रणभूमि आया

रुद्र देव को शीश नवाया
भक्त दोनों ही शिव शंकर के
एक दूसरे के समक्ष खड़े
एक मर्यादा पुरुषोत्तम राम
है दूसरे को बड़ा अहंकार
हुआ शंखनाद युद्ध का संकेत हुआ
युद्ध छिड़ा घनघोर बड़ा
अब अंत दुष्ट का आया है
रावण बुद्धि से भरमाया है
स्वयं राम से युद्ध करने को
व मूर्ख चला आया है
रावण ने शस्त्र धारण किया
राम ने भी अब प्रहार किया
एक तीर से दशोंसर भेदा
दूजे से नाभि को छेदा
रावण मुच्छित होकर गिर पड़ा
पहचाना प्रभु को माँगी क्षमा
कहता, है विष्णु रूप है पालनहार
मैं मूर्ख बड़ा हूँ, करो उद्धार
मैं क्या ज्ञानी मेरी भृष्ट बुद्धि
अहंकार का त्याग न कर पाया
मैं तुम्हें न जान सका प्रभु
माँ सीता का हरण भी कर लाया
मैं क्षमा याचना करता हूँ
अब मेरा भी उद्धार करो
अधर्म की लंका जलाकर के
राम राज्य का विस्तार करो
पर्व विजय दशमी का है
मन के रावण को जलाकर के

धर्म का राज्य फैलाना है
राम राज्य को लाकर के।।

धर्म का राज्य फैलाना है
राम राज्य को लाकर के।।

35. राष्ट्र पशु गौ माता हो

देश धर्म के गद्दारो
चुल्लू भर में तुम दुब मरो
गाय हमारी माता है
इसपर तुम्हे क्या फक्र नहीं
राष्ट्र पशु गौ माता हो
ये बात तुम्हे क्यों हज़म नहीं
भैसे पर भैंस तुम करते हो
राष्ट्र पशु बनाने को
भैंस तुम्हारी बुद्धि है
क्या भेजी अकल चराने को
है राष्ट्र धर्म के गद्दारो
चुल्लू भर में तुम दुब मरो।।

36. एकलव्य

मत मांगो गुरु द्रोण अँगूठा
यह दिव्य धनुर्धारी है
इस मिट्टी से तपा हुआ है
इस बालक का जीवन सारा
गुणगान करे अम्बर भी इसका
और नदियों ने इसको माना
मत मांगो गुरु द्रोण अँगूठा
यह दिव्य धनुर्धारी है
इस बालक की कथा अमर है
जैसे वीरो की अद्भुत गाथा
पर्वत सारे हिल जाते है
यह वीर जब धनुष चलाता
मत मांगो गुरु द्रोण अँगूठा
यह दिव्य धनुर्धारी है
समस्त ग्रहों को अभी झुका दे
तारे तोड़ दे यह अम्बर से
ब्रह्मांड सकल हिला सकता है
दिशा बदल सकता बादल की
मत मांगो गुरु द्रोण अँगूठा
यह दिव्य धनुर्धारी है
एक पत्थर की मूरत के भीतर
गुरु आपको माना है
जो इसके रग रग के भीतर है
वह विद्या तुम्हारी है

मत मांगो गुरु द्रोण अँगूठा
यह दिव्य धनुर्धारी है
तीन लोक पर विजय करेगा
यह अधर्मियों का काल है
धर्म युद्ध का नायक है ये
विजय पताका भारी है
मत मांगो गुरु द्रोण अँगूठा
यह दिव्य धनुर्धारी है
गुरु द्रोण क्यो चुप्पी तोड़ी
अंगूठे की मांग करि
हृदय मर्म न हुआ तुम्हारा
गुरु दक्षिणा लहु लुहान करि
क्यों मांगा गुरु द्रोण अँगूठा
एकलव्य धनुधारी है
क्यों मांगा गुरु द्रोण अँगूठा
एकलव्य धनुधारी है।।

37. चुनावी राजनीति

सत्ता का सिंहासन सजाया जाता है
सम्राट के ताज की भांति
हर पांच वर्षों में शैलाब निकाला जाता है
लगते है बाजार सजती है दुकाने
अन्तः करके कमाई गिनती होती है
सिंहासन को सौदागर मिल जाता है
जनता फिर रोती है.... ।।

38. अब मुझको ठहर जाना नहीं

अब मुझको ठहर जाना नहीं

अंत तक सफर करता रहूँ

और भरता रहूँ स्वयं ही उन्हें

जो जख्म जीवन ने दिए

और देखता हूँ तन को मेरे

कब तक धूप जलाएगी

और देखता हूँ भूख मुझको

आखिर कबतक खाएँगी

और आखिर कबतक कांटे

कदमो से मेरे खेलेंगे

कंकड़ पत्थर तपती धरती

ये हँसते हँसते सह लेंगे

और सहलेंगे गर्दिश में भी

हम गर्दिश के आतंक को

विश्व गगन में फैला देंगे

जीत के अपने रंग को

की देखता हूँ दिनकर मुझसे

आखिर कबतक छिपता रहा

और देखता हूँ कबतक अंधेरा

भीतर में पलता रहा

और कभी तो काल छटेगा मेरा

मुझसे वो थर्राएगा

जय जय करने लगेगा मेरी
चरणों मे पड़ जाएगा।।

39. सरकारी शौचालय

मै समस्त बीमारियों का अवरोधक अमूल्य हूँ
मुझे गन्दा मत करो मैं सरकारी शौचालय हूँ
सुलभ हूँ तो क्या मतलब कुछ भी करोगे
गन्दगी सारी फैलाकर गटर यूँ ही भरोगे
हरकत गंदी करकर मुझको गंदा कर दिया
किवाड़ों पर थूका जर खाया पूरा नंगा कर दिया
टँकी तोड़ी कुंडी तोड़ी शोभा मेरी तोड़ी क्यों
काम सदा तुम्हारे आया तो मुझको गैर जताया क्यों
दीवारे सारी सड़ा दी गई , नशे का अड्डा बन दिया
गुटका बीड़ी पाना मसाला थूका सीधा चला गया
विनती है मुझपर दया करो मैं स्थान अमूल्य हूँ
मुझे गन्दा मत करो मैं सरकारी शौचालय हूँ।।

40. युवा पीढ़ी में असंतोष

कोरोना की मार में
रोजगार है ठप
शिक्षा गायब हो बैठी
स्कूल हो गए बंद
नशा नशे की लत में
आकर हालत भी बेहाल
असंतोषी बड़गई भीतर
जीवन हुआ बबाल
बेरोजगारी का लांछल
जैसे लगता गहरा घाव
युवाओ की हालत ऐसी
कीचड़ में उनके पाव।।

41. यथार्थ धर्म

मानुष रटता है जो धर्म
क्या यहीं धर्म है सनातनी
गर नहीं धर्म के है ये मोल
तो धर्म सनातनी है कौन
जहाँ अंधकार पर उजाला हो
सूर्य का तेज निराला हो
असत्य पर सत्य की जय
धर्म वही सनातन है
जहाँ काम क्रोध सब मिट जाते
छल कपट भी झुक जाते
और अंत भय का होता
धर्म वही सनातन है
जहाँ पशु को रोटी मिलती है
पंक्षी पाता दाना पानी
जहाँ मांस न कोई खाता है
धर्म वही सनातन है
जहाँ पेड़ ना काटे जाते हो
और जीव ना मारे जाते हो
होती जहाँ प्रकृति की जय
धर्म वही सनातन है
जहाँ मद मदिरा का पान न हो
गुरु जन का अपमान ना हो
जहाँ गौ माता पूजी जाती
धर्म वही सनातन है

जहाँ माता पिता का आदर हो
बच्चों पर प्रेम है बरसाते
और मानव सज्जन से हर्षाते
धर्म वही सनातन है
जहाँ ज्ञान न बेचा जाता हो
और बाल विवाह पर पाबंदी
जहाँ बालक श्रमिक न होते है
धर्म वही सनातन है
जहाँ मातृभूमि के अनुगामी
रहते समस्त भारत वासी
जब हो भारत माता की जय
धर्म वही सनातन है
धर्म किसी का मोल नहीं
यह स्वयं अनमोल है
जहाँ अधर्म का हो विनाश
वहाँ धर्म सत्य सनातन की जय।।
........पारस

42. प्रभु वर दो

इन हाथो में तलवार थमा दो
लाकर तीर कमान थमा दो
और थमा दो चक्र सुदर्शन
भगवा विजय निशान थमा दो
भारत का संविधान सुना दो
पुस्तक वेद पुराण सुना दो
हल्दी घाटी मैदान सुना दो
पृथ्वी राणा का राग सुना दो
सागर भूमि कैलाश दिखा दो
मुझको सारा ब्रह्मांड दिखा दो
उगते सूरज का रूप दिखा दो
स्वाधीनता की धूप दिखा दो
मुझमे सच्चा वीर जगा दो
वीरो का बलिदान जगा दो
भारत का गुणगान जगा दो
पानीपत मैदान जगा दो
भारत का विस्तार बता दो
भूत भविष्य आज बता दो
खण्ड खण्ड का राज बता दो
सिंहासन का हाल बता दो
मुगलो का अत्याचार पढ़ा दो
ठीक ठीक इतिहास पढ़ा दो
बलिदानो का उपकार पढ़ा दो
भगवत गीता ज्ञान पढ़ा दो।।

43. राग देश

राग देश गीत गुनगुना रहा हूँ मैं
राग देश का तुम्हे बता रहा हूँ मैं
राग देश गीत गुनगुना रहा हूँ मैं
राग देश का तुम्हे बता रहा हूँ मैं
राग देश राष्ट्र प्रेम के सम्मान का
तीन रंग में सजा झण्डे के मान का
राष्ट्र गीत राष्ट्र चिह्न राष्ट्रगान का
राष्ट्र योद्धाओं के प्राणत्याग का
राग देश सूर्योदय के ललाट का
अंधकार पर विजय के प्रकाश का
राग देश शिवाजी राजे के ठाट का
मुगलो के काल का राणा प्रताप का
राग देश झाँसी की बाई झलकार का
लहुँ से लतपत की कटार का
राग देश युद्धभूमि के बखान का
युद्ध में युद्ध के अहंकार का
राग देश सुभाष की सेना की शान का
मातृभूमि पुत्र बिस्मिल आज़ाद का
राग देश शेर दिल अब्दुल कलाम का
भारतीय होने के अभिमान का
राग देश गीत गुनगुना रहा हूँ मैं
राग देश का तुम्हे बता रहा हूँ मैं।।

44. धर्म शस्त्र

(1)अधर्मी:-
ये काले काल का कलयुग है
अधर्मी धर्म शस्त्र से बोला
में अधर्मी पाप मनुज
अंधकार का साया हूँ
में अधर्मी तेरे धर्म का
नाश करने आया हूँ
में अधर्मी दुष्ट हूँ
दैत्य हूँ हैवान हूँ
इस जगत के प्राणियों में
पाप का शैतान हूँ
में भूत हूँ पिसाच हूँ
राक्षस हूँ निशाच हूँ
में क्रूर कंस का दानव हूँ
अहंकार का रावण हूँ
में अधर्मी महाविनाशी हूँ
में तेरे भय का वाशी हूँ
(2)धर्म शस्त्र:-
धर्म शस्त्र ने सुना गौर से
जो अब तक खामोश खड़ा था
तेरी काली हरकतों में
भला तुझसे कौन बड़ा था
कान खोल के सुन अधर्म
में तेरे काल का महाकाल

तू सुन जबाब तेरे सवाल का
में हिसाब देता आया
में धर्म शस्त्र तेरे अधर्म के अंधकार का अंत हूँ
में सूर्य का हूँ प्रताप और मानवों में संत हूँ
में महाकाल का त्रिशूल तेरे कलयुग का हूँ विनाश
में चक्र सुदर्शन कृष्ण का धर्म का हूँ विश्वास
में यमराज हूँ तेरे पिशाच दैत्य दुष्ट हैवान का
में यमराज हूँ तेरे निशाच दानव क्रूर शैतान का
डमरू की टंकार में हूँ कटार
सिंह की दहाड़ शंख की पुकार
में कोदंड हूँ श्री राम
ब्रह्मास्त्र हूँ ब्रह्मांड का
में धर्म शस्त्र महाकाल हूँ
तेरे अधर्मी काल का।।

45. तीर चले और वीर चले

तीर चले और वीर चले
फूलो से सारे शूल टले
जब वीरो की शमशीर चले
देख नाग गले शत्रु न छले
जब आग जमे और नीर जले
और काल डरे जब रात ढले
गर्जन कर करके धीर चले
माता पर जान लुटाने को
जीवन को धन्य बनाने को
इस मिट्टी में मिल जाने को
धरती पर हमने रूप धरे
तीर चले और वीर चले
फूलो से सारे शूल टले
जब वीरो की शमशीर चले
देख नाग गले शत्रु न छले
जब आग जमे और नीर जले
और काल डरे जब रात ढले
गर्जन कर करके धीर चले
रूप शिवा का हम ही है
राणा की वीरता भी है हम
हम वीर चन्द्र की टोली वो
जो जंजीरो को घात करे
तीर चले और वीर चले
फूलो से सारे शूल टले

जब वीरो की शमशीर चले
देख नाग गले शत्रु न छले
जब आग जमे और नीर जले
और काल डरे जब रात ढले
गर्जन कर करके धीर चले
हमसे चन्दा हमसे सूरज
हमसे सागर बहती कश्ती
हमसे ज्वाला ऊँचे पर्वत
देखो पद के पाताल तरे
तीर चले और वीर चले
फूलो से सारे शूल टले
जब वीरो की शमशीर चले
देख नाग गले शत्रु न छले
जब आग जमे और नीर जले
और काल डरे जब रात ढले
गर्जन कर करके धीर चले।।

46. लहराये जा परचम

क्यों हार के बैठे हो
तुम अपनी ही कश्ती में
यह दुब रही है क्या
या छिद्र हुआ इसमे

संकटो के बादल से
क्या दिशा भटकती है
भटकते मन से क्या
कभी नौका चलती है

सागरों के सागर को
कभी सुखते देखा है
पर्वतों से अम्बर को
कभी चीरते देखा है

दिनकर का उजाला हो
कोई बुझा सका है क्या
भीतर की बुलंदी को
कोई मिटा सका है क्या

पहाड़ो की बुलंदी तुम
कभी झुक नही सकते
अंगद के कदम जैसे
कभी रूक नही सकते

हाथो में तिरंगा ले
और जान हथेली पर
संकटो के बादल चीर
लहराये जा परचम।।

47. पर्यावरण से पर्यावरण

चाँदनी ने चाँदनी चाँद से चुराई है
तत्पश्चात चाँदनी चाँदनी बन पाई है
उजाला भी उजाले से उजालों की दरख़्वास्त करता है
तब जाकर अंधेरे पर उजाला राज करता है
रुकती हवाओ ने बहती हवाओ से गति उधार ली है
उसके बाद ही हवाओ ने हवाएं ताजी बहार की है
आसमा ने आसमा को आसमा बनने की चुनोती दी थी
तब जाकर आसमा आसमा जीतना विशाल हुआ है
पानी ने पानी को जब विराट रूप दिखाया था
तभी पानी से मिलकर पानी सागर कहलाया था
अग्नि भी अग्नि से जब जाकर मिली थी
तब जाकर अग्नि अग्नि वनी थी
धरती ने धरती से धरती को जुदा कर दिया
धरती ने धरती को सात धरती में बांटा और अपना अपना खुदा
कर लिया।।

48. ललकार

अगर पकड़ा हो महिला का दामन
उसे छोड़ तुम आओ
अगर बंधे हो किसी प्रेम में
उसे तोड़ तुम आओ।
फिर हाथो मे वज्र उठाकर
सौगंध माटी की खाना
सुन कर थर थर शत्रु कांपे
ऐसा शंख बजाना।।
...... पारस

49. शान तिरंगा

देश भक्ती है ढोंग दिखावा
यह सब कहने वालों
नहीं तिरंगा छत पे लगाना
न dp पर डालो
मान लिया है तुम सच्चे हो
और हम सब झुटे है
लगा तिरंगा हम dp पर
ढोंग बहुत करते है
फिर भी अपनी सत्य कथा का
एक प्रमाण तुम देना
हरीश चंद होने के खातिर
नेक काम कर देना
यदि पड़ा कही मिले तिरंगा
कष्ठ एक सह लेना
माता का आँचल समझ उठाना
मस्तक से सजा लेना।।

50. माँ भारती पुकारती

कर बिजलियों सी गर्जना
रुद्र देव अर्चना
अंधकार पर विजय
कर मातृभू की आरती
माँ भारती पुकारती।१।

सूर्य का प्रताप तू
धरती और विष्णुपद
सप्त जलधाम भी
है हिन्द की विशालता
माँ भारती पुकारती।२।

सम्राट है अनंत का
मृगांक सी शीतलता
मेघपुष्प प्रलय भी तू
भारत की क्रांति
माँ भारती पुकारती।३।

रौद्र नेत्र तीसरी
कानन का केसरी
तीन लोक भूपति
कर मातृभू की आरती
माँ भारती पुकारती।४।

अर्जुन कुरूक्षेत्र का
युद्ध शंख की ध्वनि
धार तू कटार की
ज्ञान शक्ति राष्ट्र की
माँ भारती पुकारती।५।

कृष्ण का विराट रूप
कल्कि अवतार है
गीता का सार तू
कर देश भक्ति अर्चना
माँ भारती पुकारती।६।

काल है अधर्म का
धर्म का उदय है तू
विश्व कल्याण है
कर मातृभू की आरती
माँ भारती पुकारती।७।
.....पारस

जय जननी
जय जन्मभूमि
जय जय जय माँ भारती
ये शीश तेरे चरणों में चढाकर
करे तुम्हारी आरती
जय भारती जय भारती
हम करे तुम्हारी आरती
भारत माता की जय
- धन्यवाद